CARPE DIEM

Der LVR-Archäologische Park Xanten
in Fotografien von Axel Thünker

THEISS

Axel Thünker bei Aufnahmen am Hafentempel

Ingo Martell · Axel Thünker

CARPE DIEM

Der LVR-Archäologische Park Xanten in Fotografien von Axel Thünker

Eine Veröffentlichung des Landschaftsverbandes Rheinland
LVR-Archäologischer Park Xanten / LVR-RömerMuseum

LVR-Archäologischer Park Xanten
LVR-RömerMuseum
APX

LVR
Qualität für Menschen

Bibliografische Information der
Deutschen Nationalbibliothek

Die Deutsche Nationalbibliothek
verzeichnet diese Publikation in der
Deutschen Nationalbibliografie;
detaillierte bibliografische Daten sind
im Internet über http://dnb.dnb.de abrufbar.

ISBN: 978-3-8062-2720-8

klimaneutral
natureOffice.com | DE-263-348135
gedruckt

MIX
Papier aus verantwortungsvollen Quellen
FSC® C009997
FSC
www.fsc.org

Konzept, Text und Redaktion: Ingo Martell
Gestaltung: Sebastian Simonis Mediendesign
Druck: Druckerei Pomp, Bottrop
Printed in Germany

Wir danken der Gala Kunststoff- und Kautschukmaschinen GmbH
für ihre Unterstützung bei der Drucklegung dieses Bandes.

www.gala-europe.de

VORWORT

SEIT SEINER ERÖFFNUNG im Jahr 1977 haben mehr als 14 Millionen Menschen den LVR-Archäologischen Park Xanten besucht. Wie wir aus ihren Rückmeldungen wissen, nahmen und nehmen die Gäste eine Vielfalt an Erinnerungen mit nach Hause. So hinterlassen nicht nur die römischen Bauwerke und die antiken Exponate im LVR-RömerMuseum einen bleibenden Eindruck. Bei Veranstaltungen, Führungen und Programmen zum Mitmachen wird der Park regelmäßig auch zu einem Ort persönlicher Begegnungen von Mensch zu Mensch, die im Gedächtnis haften. Nicht zuletzt sind es auch die großen Spielplätze, die kaum ein Kind so schnell vergisst, und die erholsamen Spaziergänge auf den Grünflächen und Alleen, die vielen Erwachsenen in Erinnerung bleiben.

Erinnerungen wirken in gewisser Weise wie Bilder vor unserem inneren Auge – oder wie Fotos in einem Album, das wir zuweilen gerne aufblättern. Dass mit diesem Bildband nun ein solches Album für den LVR-Archäologischen Park vorliegt, ist eng mit dem Engagement von Axel Thünker verbunden. Seine Aufnahmen bilden die vielfältigen Facetten des Freilichtmuseums nicht nur dokumentarisch ab. Vielmehr fängt Axel Thünker mit ausgeprägtem Gespür für besondere Augenblicke und Stimmungen auch die Wirkung ein, die der Park im Wechsel der Jahreszeiten und Lichtverhältnisse auf seine Gäste ausübt. Sein Auge für das Zusammenspiel von Archäologie, Natur und Architektur, aber auch sein respektvoller Blick auf die Menschen kommen in Fotografien zum Ausdruck, die auf den folgenden Seiten für sich sprechen mögen.

Für seine faszinierenden Fotografien und die ausgezeichnete Zusammenarbeit sei Axel Thünker an dieser Stelle bestens gedankt. Herzlich zu danken ist auch Ingo Martell, der alle Texte verfasst und dieses Buch von der Konzeption bis zum Druck redaktionell betreut hat. Gemeinsam mit Axel Thünker traf er auch die Bildauswahl und hat somit entscheidenden Anteil an der Entstehung dieses Bandes. Dank gilt auch Sebastian Simonis für die ansprechende Gestaltung und Klaus Frechen für die engagierte Betreuung bei der Drucklegung dieses Buches. Ein ganz besonderer Dank gebührt der Gala Kunststoff-und Kautschukmaschinen GmbH, die die Drucklegung dieses Bildbandes über den LVR-Archäologischen Park Xanten namhaft finanziell unterstützte.

Dr. Martin Müller
LVR-Archäologischer Park Xanten
LVR-RömerMuseum

EINLEITUNG

RUND VIERHUNDERT JAHRE lang war Xanten einer der bedeutendsten Orte im römischen Germanien. Nach der Ankunft der Legionen kurz vor der Zeitenwende war nahe beim Rheinufer eine zivile, rasch wachsende Siedlung entstanden. Als Kaiser Trajan diese Siedlung unweit des Legionslagers um 100 n. Chr. zur Colonia Ulpia Traiana ernannte, stellte er den Ort auf eine Stufe mit den bedeutendsten Koloniestädten im gesamten Reich. Die Blütezeit der imposanten Stadt lag im 2. und 3. Jahrhundert; Handel und Wirtschaft florierten, die Provinz genoss stabile Verhältnisse. Ihr Niedergang folgte in den Unruhen und kriegerischen Wirren der Spätantike. Wohl noch vor Ende des 4. Jahrhunderts erlosch das städtische Leben auf dem Gelände der Colonia endgültig.

Nach dem Ende der römischen Epoche ließen sich die Franken außerhalb der römischen Stadtmauern in kleineren Gehöften und Dörfern nieder. In den folgenden Jahrhunderten lieferten die Ruinen Baumaterial für Häuser, Kirchen und Klöster. Während auf diese Weise das mittelalterliche Xanten entstand, verfiel die alte Colonia immer weiter. Der Umstand, dass ihr Gelände seitdem kaum besiedelt wurde, ist ein seltener Glücksfall für die Archäologie.

Als das Gelände im Wirtschaftsboom der 1960er Jahre in ein Industriegebiet umgewandelt werden sollte, trat der Landschaftsverband Rheinland mit einem für die damalige Zeit unerhörten Vorhaben auf den Plan: der Errichtung eines archäologischen Freilichtmuseums, in dem das wissenschaftlich hochbedeutende Bodendenkmal nicht nur geschützt und erforscht, sondern als freizeitbezogene Bildungsstätte für ein breites Publikum erschlossen wird. Der Begriff des „Archäologischen Parks" hatte damals noch gar nicht existiert, er wurde erst in Xanten erfunden. Und erfolgreich in die Wirklichkeit umgesetzt.

Mit nachhaltiger Förderung durch das Land Nordrhein-Westfalen, das die museale Nutzung des Bodendenkmals von Anfang an zurecht auch als harten Wirtschaftsfaktor in einer ländlichen Region einstufte, hat der Landschaftsverband Rheinland den LVR-Archäologischen Park in den vergangenen Jahrzehnten erheblich ausgebaut. Heute ist fast das gesamte Gelände der römischen Stadt dauerhaft geschützt, und mehr als 600.000 Gäste jährlich sichern dem Park einen Platz unter den beliebtesten Museen Deutschlands. Gleichzeitig machen die fortlaufenden archäologischen Untersuchungen Xanten zu einem Forschungsstandort von internationalem Rang.

Ein charakteristisches Merkmal der Colonia Ulpia Traiana war ihr schachbrettartiges Raster aus schnurgeraden, sich rechtwinklig kreuzenden Straßen. Dieses Raster bildet eine wesentliche Grundlage für die Gestalt des LVR-Archäologischen Parks: Die Wege des Freilichtmuseums wurden genau über dem antiken Straßennetz angelegt und machen es den Besucherinnen und Besuchern somit möglich, die Ausdehnung und Struktur der alten Colonia zu Fuß zu erkunden.

In den weitläufigen Grünanlagen des Parks werfen originalgetreu rekonstruierte Bauwerke wie die Stadtmauer, der Hafentempel und das Amphitheater gezielte Schlaglichter auf das römische Stadtbild. Jede dieser Rekonstruktionen entstand nach jahrelangen Ausgrabungen am originalen Standort. In Größe und Material entsprechen die begehbaren Modelle ihren römischen Vorbildern und machen so die Wirkung der antiken Architektur anschaulich begreiflich. Auch das LVR-Römer-Museum gibt in seiner Form die eindrucksvollen Dimensionen römischer Architektur wieder und bildet auf diese Weise einen markanten Rahmen für die Präsentation der archäologischen Funde.

Darüber hinaus erwartet die Gäste des Parks ein umfangreiches Angebot. Ein fachkundig geführter Besuch der Ausgrabungen, handwerkliche Vorführungen und Programme zum Mitmachen bieten verschiedene Anreize, sich der Antike weiter zu nähern. Das große Römerfest „Schwerter, Brot und Spiele" füllt den Park auf besondere Weise mit Leben. Daneben warten die Römischen Wochenenden von Mai bis September regelmäßig mit Aktionen für Familien auf. Das Spielehaus lädt Jung und Alt dazu ein, die schönsten Spiele der Antike zu entdecken. Die kleinen Gäste können ihren Energien auch auf den großen Spielplätzen freien Lauf lassen. Und für den Hunger zwischendurch hält das römische Restaurant Speisen nach antiken Rezepten bereit.

Indes kann auch das facettenreichste Museum immer nur einen kleinen Ausschnitt der Geschichte zeigen. Wenn das, was heute wieder vor Ort erlebbar ist, einen Eindruck von der Fülle des römischen Lebens zu geben vermag, ist nicht wenig erreicht. Vielleicht mag das Wissen um die Vergänglichkeit uns auch dazu anregen, die Gegenwart bewusster wahrzunehmen – und zu genießen. In diesem Sinne empfahl der römische Dichter Horaz vor gut zweitausend Jahren, den Tag zu „pflücken". Seine berühmten Worte *carpe diem* wirken im LVR-Archäologischen Park zeitloser denn je.

Schattenwurf des Fallgatters im Durchgang des Nordtors.

STADTMAUER

IM JAHR 106 NACH CHRISTUS oder etwas später, also kurz nachdem die römische Siedlung die Stadtrechte einer Colonia erhielt, begann man mit dem Bau einer großen Stadtmauer. Trotz ihres wehrhaften Charakters diente diese Mauer nicht als Bollwerk gegen die Feinde Roms. Vielmehr war sie ein Symbol römischer Zivilisation und Kultur an der Grenze zum nördlichen Germanien.

Die Errichtung der Stadtmauer war das größte Bauprojekt der jungen Colonia. Das Bauwerk war über sechs Meter hoch und umfasste auf einer Länge von 3,4 Kilometern die gesamte Stadtfläche. Drei große, besonders repräsentative Tore öffneten sich zu den Hauptstraßen der Stadt. Dazwischen lagen insgesamt 22 Türme. Heute sind einige Abschnitte der Mauer, das große Nordtor und neun Türme rekonstruiert. Einer dieser Türme ist der Haupteingang des LVR-Archäologischen Parks.

Die Rekonstruktion der Stadtmauer entspricht in Material und Bautechnik dem römischen Vorbild. Auf der Mauerkrone verlief ein Wehrgang mit zinnenbesetzter Brüstung. Von hier aus konnte man bis auf die Sohle der Spitzgräben sehen, die auf der Außenseite ausgehoben worden waren. Ein längerer Abschnitt dieser Mauer und mehrere Türme sind begehbar rekonstruiert.

Auch das Burginatiumtor auf der nördlichen Seite der Stadtmauer ist für die Besucherinnen und Besucher zugänglich. Über steile Holztreppen in den seitlichen Türmen gelangt man, vorbei an den Winden für die schweren Fallgatter, nach oben auf die offene Plattform des Torbaus. In luftiger Höhe bietet sich hier ein schöner Ausblick über den gesamten Park. Im Hintergrund reicht der Blick vorbei am Xantener Dom bis zum Höhenzug des Fürstenberges, wo die römische Geschichte Xantens mit der Errichtung des ersten Legionslagers ihren Anfang nahm.

Die östliche Ecke der Stadtmauer.

Stadtmauertürme. Wo sich
heute eine Wiesenfläche
mit vereinzelten Bäumen,
Sträuchern und einem kleinen
Bachlauf erstreckt, lag in
der Antike das Hafenbecken
der römischen Stadt.

^ >

Turm im nordöstlichen Bereich der Stadtmauer, rechts im Hintergrund das Burginatiumtor.

Eine große Hainbuchenhecke zeigt den ehemaligen Verlauf der Stadtmauer an.

Torturm, Hafentempel und Dom
im Morgenlicht.

Der östliche Eckturm der Stadtmauer.

^ >
Vor dem Burginatiumtor zeigen Kopien römischer Grabsteine, wie die Menschen in der Antike mit den Verstorbenen umgingen. An den großen Straßen erinnerten aufwendige Grabdenkmäler an die Toten. Besonderer Blickfang ist der farbig bemalte Grabstein des Soldaten Firmus.

FIRMVS
ECCONIS
MIL·EX·CO

Blick durch das Fenster
im östlichen Turm des
Burginatiumtors.

Das Burginatiumtor von außen.
Im Vordergrund der Eingang des
unterirdischen Abwasserkanals.

^
Die zwei Türme des Burginatiumtors mit aufgeklappten Fensterläden

>
Durchgang des Burginatiumtors mit hölzernem Fallgatter.

^ >
Bögen aus Sandstein am Durchgang des Torturms an der römischen Herberge.

Pfeilerstümpfe des Amphitheaters vor der südöstlichen Ecke der Stadtmauer.

Wintersonne an der
östlichen Stadtmauer.

Lichtspiegelungen auf der Wasseroberfläche im Frigidarium (Kaltbad) der Herbergsthermen.

RÖMISCHE HERBERGE

WER IN RÖMISCHER ZEIT EINE REISE UNTERNAHM, war oft lange unterwegs und musste manche Entbehrungen auf sich nehmen. In der Herberge der Colonia Ulpia Traiana fanden Reisende unweit des antiken Hafens eine komfortable Unterkunft, gastliche Bewirtung und die Wonnen eines heißen Badehauses.

In der vollständig rekonstruierten Herberge können die Besucherinnen und Besucher römische Schlafzimmer, Wohnräume, eine funktionstüchtige Küche und eine unterirdische Vorratskammer erkunden. Alle Räume sind möbliert und mit Wandmalereien nach antiken Vorbildern geschmückt. Die Räume des römischen Restaurants und die Tische auf der offenen Terrasse laden zum Verweilen und zum Genießen von Speisen nach römischen Rezepten ein. Direkt daneben erstreckt sich der Kräutergarten mit seinen üppigen Beeten. Hier wachsen aromatische Kräuter und Gewürze, die von den Römern einst aus aller Herren Länder an den Niederrhein mitgebracht wurden.

Im südlichen Flügel des Gebäudes liegen die Werkstätten der römischen Knochenschnitzer und Schuster, in denen Fachleute die Kniffe ihres alten Handwerks vorführen. Wenige Meter weiter bietet eine Ausstellung Einblicke in die römische Politik und Gesellschaft. Über einen verwinkelten Innenhof gelangt man schließlich zum Badehaus mit seinen Wasserbecken und farbenprächtigen Wandmalereien. Es ist bis heute weltweit die einzige Anlage, die originalgetreu wie in der Antike befeuert werden kann. Bei sanft plätscherndem Wasser und wohliger Wärme lässt sich hier leicht erahnen, wie sehr unsere Vorfahren das Entspannen in den unterschiedlich beheizten Becken geschätzt haben.

Die römische Herberge, im Hintergrund Stadtmauerturm und Pappeln. Aufgenommen von den oberen Rängen des Amphitheaters.

Schola (Versammlungsraum) und Herbergsthermen von Norden.

Im Garten an der Herberge wachsen Kräuter und Gewürze, die in römischer Zeit an den Niederrhein kamen.

Kräutergarten mit Wermut, Rosmarin, Salbei, Thymian, Lavendel und Mangold.

Der Eingang des sogenannten Oecus an der Nordseite des Innenhofs. Heute ist hier eine Tastgalerie für Menschen mit eingeschränktem Sehvermögen eingerichtet.

^
Innenhof der Herberge.

>
Porticus (überdachter Säulengang) im Innenhof mit üppiger Eibe.

Apsis der Schola
(Versammlungsraum) im
Innenhof der Herberge.

‹ ^
Werkstätten der Schuhmacher und Knochenschnitzer an der römischen Herberge.

(vorherige Doppelseite oben)
Messer, Wetzstein und Ahlen
in der Schuhmacherwerkstatt.

(vorherige Doppelseite unten)
Nach römischen Vorbildern
gefertigte Spielwürfel, Nadeln
und Spielsteine aus Tierknochen.

^ >
An Tischen vor den Werkstätten
können Kinder bei den
Römischen Wochenenden von
Mai bis September regelmäßig
alte Handwerkstechniken
ausprobieren.

x NEU
50 50 50

^ >
Stand der Kräuterexpertin im Innenhof der Herberge mit Räucherkugeln, Zimtstangen, Heiligenkraut, Dost, Eberraute und Lavendel (links).

< ^
Kräuterstand mit Weihrauch, Zimt und Myrrhe. Mit duftenden Räucherungen schickten die Römer ihre Wünsche zu den Göttern. Rechts historische Rosen und Frauenmantelkraut.

^
Kinder flechten römische Ehrenkränze aus Buchsbaumblättern.

>
Historische Rosen und wilde Gräser.

30
29

Gut essen, gut trinken:
Das römische Restaurant in der Herberge bietet Speisen nach antiken Rezepten.

<
Römischer Keller. In den Boden eingegrabene Vorratsgefäße hielten Lebensmittel kühl und frisch.

>
Amphoren in der Küche der römischen Herberge. Im Hintergrund ein mit Holz oder Kohlen zu befeuernder Herd.

^ >
Wohnraum für Herbergsgäste mit farbigen Wandmalereien und Möbeln nach römischem Vorbild.

^ >
Lichtspiele im Frigidarium (Kaltbad) der Herbergsthermen.

(Seite 74 und 75)
Das Caldarium (Heißbad) der Herbergsthermen. Als Vorlage für die Wandmalereien dienten gut erhaltene Funde aus den Bädern römischer Gutshöfe in Süddeutschland und der Schweiz.

(vorherige Doppelseite)
Das Frigidarium (Kaltbad) der Herbergsthermen mit Blick durch das Apodyterium (Umkleideraum).

>
Lichteinfall durch das Fenster im Apodyterium (Umkleideraum).

Außenwände und Dachansätze der Herbergsthermen. Verwinkelte Durchgänge und kleine Innenhöfe wie im Bild rechts waren typisch für das Erscheinungsbild der römischen Stadt.

PASTORIS
TONDERE
NON DEGLUBERE
Tiberius 32,2
guter Hirte darf seine Schafe
aber nicht kahl rasieren.
een goed herder scheert zijn
maar vilt ze niet.
a good shepherd may shear
but not fleece them

Kaiser, Senat und Volk:
Dauerausstellung in der
römischen Herberge.

Das öffentliche Wohl soll das oberste Gesetz
Het welzijn van het volk moet de hoogste
Let the welfare of the people be the supreme

Hörspiele bringen antike Persönlichkeiten zum Sprechen: Wer hatte im Reich das Sagen, welche Rechte und Pflichten hatte die einfache Bevölkerung, und wie wurden Provinzstädte wie die Colonia Ulpia Traiana regiert?

>
Im Antlitz der Geschichte: Agrippina die Jüngere, Kaiser Trajan, Julia Domna und Kaiser Vespasian (von links oben nach rechts unten). Kopien aus Gussmarmor.

Die gläserne Fassade auf der Südseite des LVR-RömerMuseums.

LVR-RÖMERMUSEUM

DIE RÖMISCHEN BAUMEISTER schufen monumentale Bauwerke, wie sie die Menschen am Niederrhein noch nicht gesehen hatten. Neben Tempeln, Theatern und Toren prägten auch Hallenbauten von gewaltigen Ausmaßen das Erscheinungsbild der römischen Stadt. Eine solche Halle ist das Vorbild für das LVR-RömerMuseum, das heute auf ganz eigene Weise einen Abglanz der einstigen Pracht erweckt.

Das moderne Gebäude aus Stahl und Glas erhebt sich auf den Grundmauern der Basilika Thermarum, die einst den Eingang des römischen Stadtbades bildete. Diese Halle war mit einer Länge von fast 80 Metern und einer Höhe von gut 25 Metern eines der größten Gebäude der gesamten Colonia. Das Museum zeichnet die Form und die eindrucksvollen Dimensionen des antiken Baukörpers nach und macht so dessen Wirkung wieder unmittelbar erlebbar.

Auch das Innere des Museums zitiert die Architektur des antiken Bauwerks. Wie sein römisches Vorbild besitzt auch das moderne Gebäude keine Zwischengeschosse, sondern beeindruckt mit einem weiten, ungeteilten Innenraum. Dort, wo die Badegäste vor fast zweitausend Jahren Erholung und Entspannung fanden, erhebt sich die Ausstellung auf eleganten Rampen und Ebenen gleichsam schwebend in den lichten Raum.

Auf einem faszinierenden Gang durch die Geschichte erleben die Besucherinnen und Besucher die Ankunft der Legionen und werden Zeuge von Blütezeit und Niedergang der römischen Stadt. Viele Stationen laden besonders die jungen Gäste dazu ein, der Antike auf Augenhöhe zu begegnen. Zahlreiche Angebote zum Anfassen und Ausprobieren machen den Museumsbesuch auch für Kinder zu einem Erlebnis.

LVR
RÖMER
MUSEUM

Das LVR-RömerMuseum
mit dem Schutzbau über
den Großen Thermen.

^ >
Wolkenspiegelungen in der südlichen Museumsfassade.

Westliche Museumsfassade.

Der Schutzbau über den Großen Thermen von Norden. Rechts im Hintergrund die Museumshalle.

(vorherige Doppelseite)
Das LVR-RömerMuseum aus der Vogelperspektive. Im Hintergrund die Xantener Südsee.

Das Museum bildet eine
Einheit mit dem Schutzbau über
den Großen Thermen.

^ >
Kinder erobern die freigelegten römischen Grundmauern im Außenbereich des Museums.

Am Tag der Museumseröffnung: lange Besucherschlange vor dem Eingang.

GERMANEN
BEVOR DIE RÖMER KAMEN...
VOORDAT DE ROMEINEN KWAMEN...
BEFORE THE ROMANS CAME...

109

(vorherige Doppelseite)
Blick von der langen Rampe in die Ausstellung.

^
Besucher zwischen Steindenkmälern des 1. Jahrhunderts n. Chr. im Erdgeschoss.

>
Auftakt der Ausstellung: Vitrinen mit Funden der vorrömischen Eisenzeit.

^
Kaiser Hadrian besucht „seine" Thermen: An ausgewählten Tagen gehen Schauspieler auf Tuchfühlung mit den Gästen im LVR-RömerMuseum.

>
Stimmen aus der Vergangenheit: Zahlreiche Hörstationen bringen Steindenkmäler zum Sprechen.

PRO SALVTE IMP(eratorum) N(ostrorum) / I(ovi) O(ptimo)
CETERISQVE DIIS / ET GENIO LOCI / M(arcus) VERECVNDINI/VS
(centurio) LEG(ionis) / XXX VLP(iae) CVRAM / AGENS STRATO/RVM ET PEDITVM
/ SINGVLARIVM CO(n)S(ularis) / V(otum) S(olvit) M(erito) L(ibens) L(aetus) /
MACRINO ET CELSO / CO(n)S(ulibus)

^
Blick durch das erste Kabinett in der Ausstellung.

¬
Ein römischer Ziegel mit eingeritztem Spiefeld, Spielsteine und Würfel sind Belege für die ausgeprägte Spielleidenschaft der Römer.

>
Spiegel, Haarkamm und Rasiermesser dienten zur täglichen Körperpflege.

Im Erdgeschoss des Museums: Zwei Grabaltäre in Form von runden Tischen mit geflügelten Sphingen. Sie gehörten vermutlich zu einem Grabmal eines Legionärs nahe beim Legionslager in Xanten-Birten.

Dieser Altar für Mars Camulus (vorne) wurde im 1. Jahrhundert n. Chr. von Angehörigen der Remer gestiftet, einem gallischen Stamm im Gebiet des heutigen Reims. Kopie; das Original ist im Altar der mittelalterlichen Kirche St. Willibrord in Kleve-Rindern verbaut.

Brot und Spiele: Die Vitrine zeigt Funde aus den Ausgrabungen des Amphitheaters.
Der vergoldete Greif zierte einst vermutlich den Helm einer überlebensgroßen Götterstatue.

^
Aus altem Flussbett ans Tageslicht: Vitrinen mit römischen Bronzegefäßen aus den Kiesgruben in Xanten-Wardt.

>
Blick vom rückwärtigen Ende des Erdgeschosses.
Im Boden der langen Rampe ist ein Textband mit Auszügen aus den „Historien" des römischen Schriftstellers Tacitus eingelassen.

»Civilis war nach dem
fen der Bataverkohor
Führer eines richtigen
aber noch war er unsc
und erwog die römisch
macht.« (Tac. hist. IV 21,1)

(vorherige Doppelseite)
Der sogenannte „Lüttinger Knabe" ist das kunstgeschichtlich bedeutendste römische Fundstück aus dem Xantener Raum. Der einzige Schmuck des nackten Jünglings ist sein üppiger Haarkranz. Als „Stummer Diener" hielt die lebensgroße Figur einst ein Tablett in ihren Händen.

>
Die bereits 1858 im Rheinbett bei Xanten-Lüttingen gefundene Bronzestatue besticht durch meisterlich ausgeführte Gusstechnik und Formgebung.

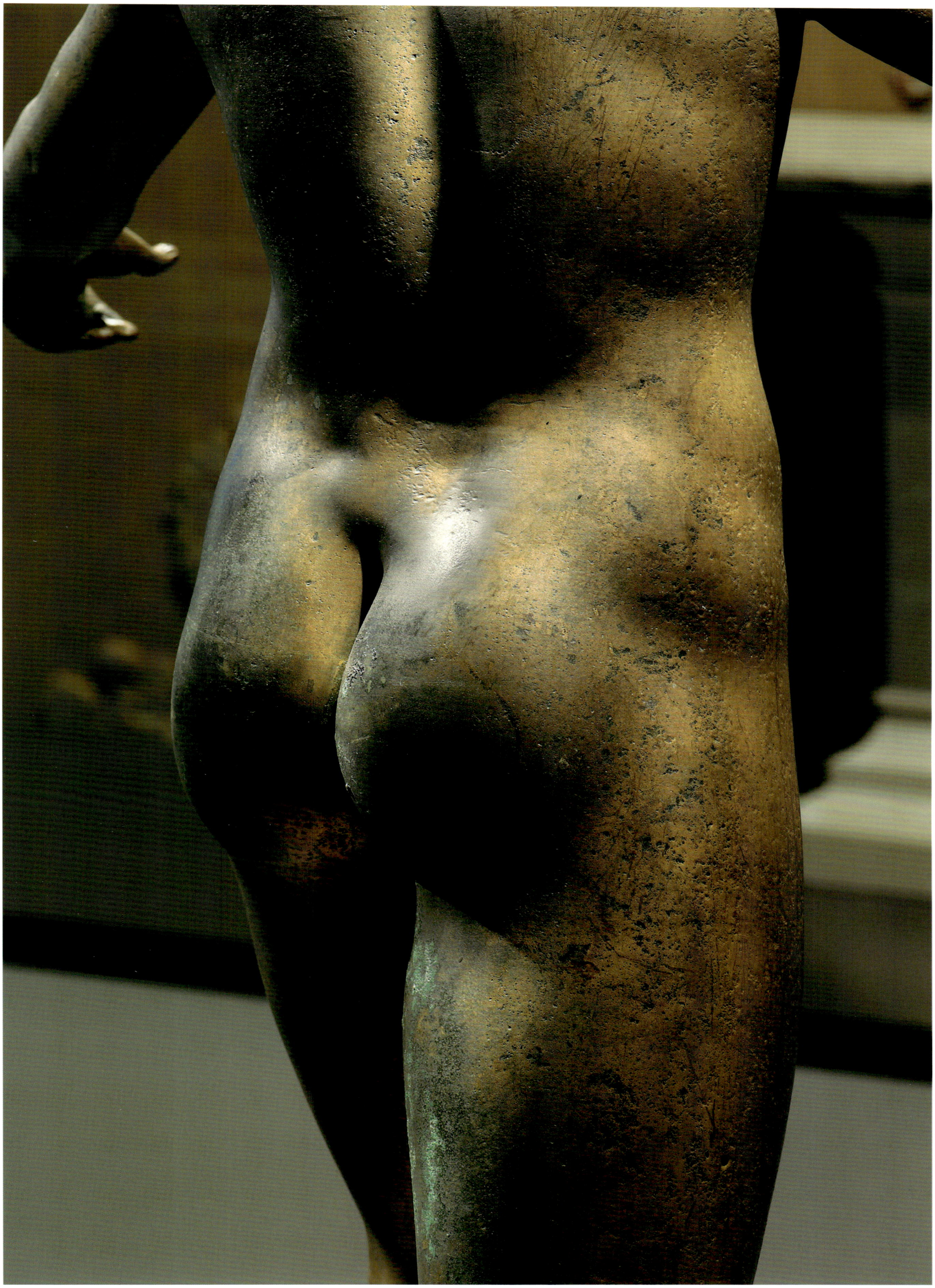

‹
Die Darstellung einer „Theatermaske" aus Stein zierte wohl einst ein römisches Grabmal.

^
Zeugen eines gewandelten Kulturraums: Tierknochen belegen, dass die Landschaft im Xantener Raum von zweitausend Jahren anders aussah als heute. Sogar Elche und Bären lebten damals am Niederrhein.

Im hinteren Bereich des
Erdgeschosses.

Blickfang in luftiger Höhe:
Lastkahn aus dem 1. Jahrhundert n. Chr.

(vorherige Doppelseite)
Blick von der oberen Ebene auf das Erdgeschoss. Der Boden besteht wie in der Antike aus Eichendielen.

›
Vitrine mit Fehlbränden einer römischen Töpferei aus der Mitte des 1. Jahrhunderts. Die Manufaktur stellte Öllampen in großer Menge her.

Schatzfund aus der zweiten Hälfte des 3. Jahrhunderts. Bei Ausgrabungen im Bereich des Matronentempels kamen 390 Silbermünzen und weitere Wertgegenstände aus Gold und Silber ans Tageslicht. Vermutlich wurden sie aus Angst vor inneren Unruhen oder vor Einfällen der Franken vergraben.

138

(vorherige Doppelseite)
In gläsernen Fläschchen wurden Salben und Duftöle aufbewahrt.

>
Römische Metallfunde, die beim Kiesabbau in Xanten-Wardt geborgen wurden. Die Kiesbagger brachten neben Waffen, Werkzeugen und Pferdegeschirr auch zahlreiche Bronzegefäße ans Tageslicht. Handelt es sich um versenktes Beutegut aus dem Legionslager, das im Jahr 70 n. Chr. von aufständischen Batavern geplündert wurde?

Der Grabstein des römischen Centurios Marcus Caelius ist eines der bekanntesten römischen Denkmäler des Rheinlands. »Er fiel im Varuskrieg« verrät die Inschrift auf dem bereits 1620 bei Xanten gefundenen Grabdenkmal. Es handelt sich um das einzige sichere epigraphische Zeugnis für die berühmte Schlacht im Teutoburger Wald.

M·CAELIO·T·F·LEM·BON
LEG·XIIX·ANN·LIII
CIDIT·BELLO·VARIANO·OSSA
NFERRE·LICEBIT·P·CAELIVS·T·F

LVR
RÖMER
MUSEUM

<

Das Mitmachprogramm „Stationen in der Legion". Als einfacher Soldat, Adlerträger oder Centurio machen unternehmungslustige Jungen und Mädchen Karriere in der Legion.

^ > v

Viel besser als Zusehen ist Selbermachen: Bei zahlreichen Mitmachprogrammen im Park und im Museum können Groß und Klein selber aktiv werden.

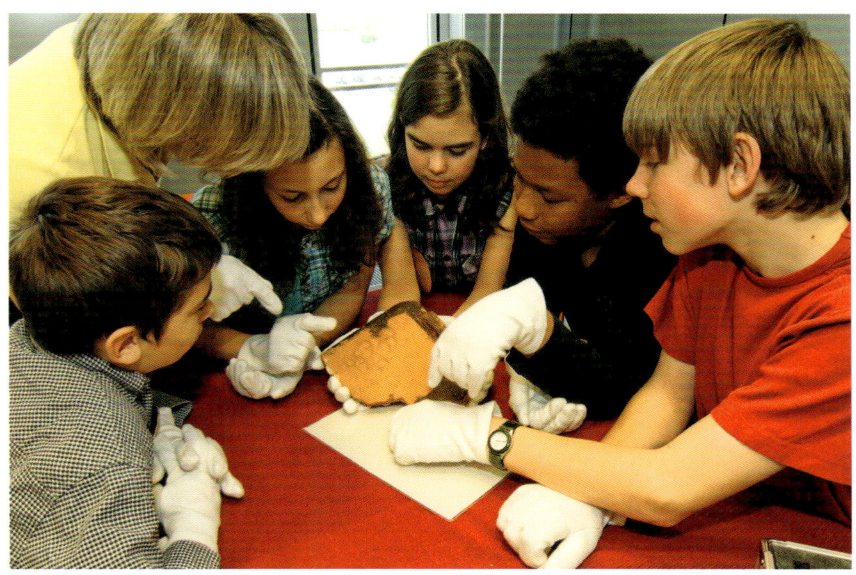

Täuschend echt:
Nachbildung von Kuhfladen
in der Ausstellung.

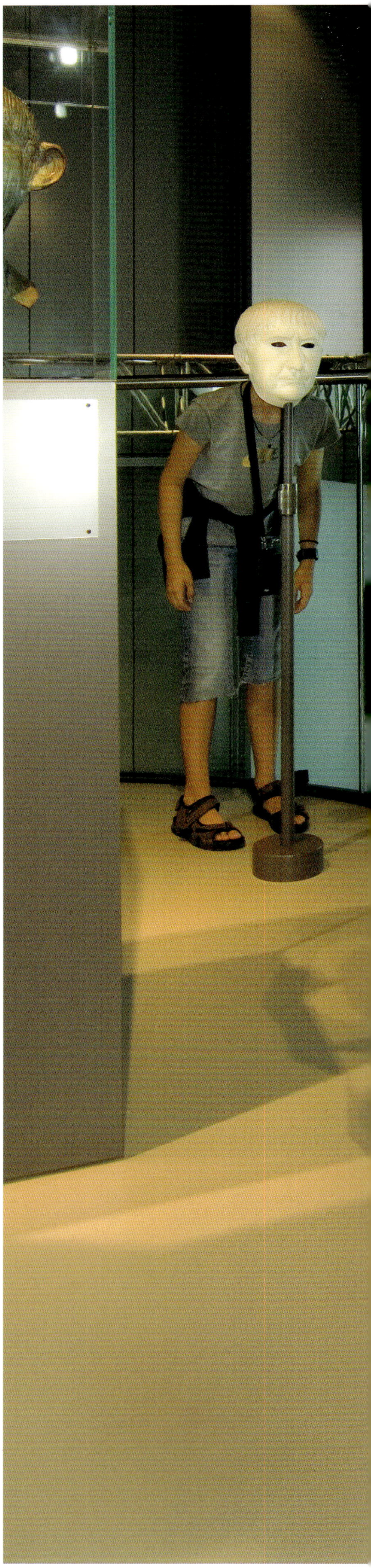

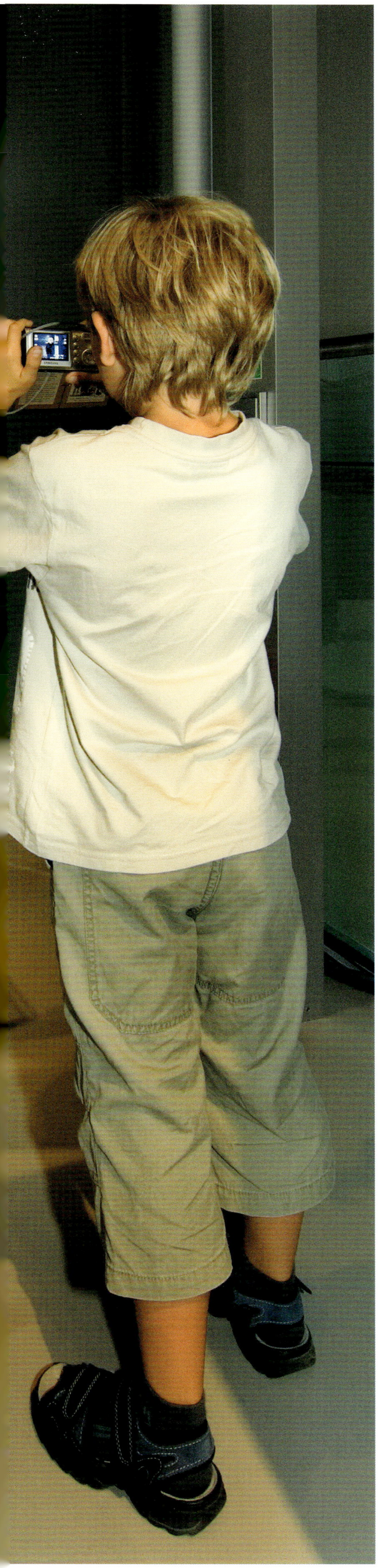

FORTVNAE
SACRVM
DE
EN
NL

(vorherige Doppelseite)
Zahlreiche Stationen laden Kinder zum Anfassen und Ausprobieren ein. Hörspiele vermitteln lebendige Eindrücke vom Leben in vergangenen Zeiten. Links eine Duftstation mit Rosenblüten, Weihrauch, Zimt und Lavendel.

>
Ein verglaster Balkon erlaubt einen Blick aus dem Museum auf die ausgegrabenen Reste der Badesäle im Schutzbau über den Großen Thermen.

DEAE
FORTV
NAE M N
V S L M
DEAE / FORTVNAE M(...) N(...) / V(otum) S(olvit) L(ibens) M(erito)
Der Göttin Fortuna (geweiht). M. N. hat sein Gelübde gern und nach Gebühr erfüllt.
Aan de godin Fortuna (gewijd). M. N. heeft zijn gelofte graag en naar verdienste ingelost.
(Dedicated to) the goddess Fortuna. M. N. has taken his vows and kept them dutifully.

Dächer über den
Großen Thermen.

Schutzbau über den
Großen Thermen. Die rot
eingefärbten Stützen
veranschaulichen die
räumlichen Strukturen
und Dimensionen der
römischen Badesäle.

Die Überreste von Öfen, Heizkanälen und Wasserbecken werden von einem modernen Schutzbau aus Glas und Stahl überdeckt. Seine Maße machen zugleich die imposanten Dimensionen der antiken Architektur erlebbar.

Sonnenuntergang in der
Glasfassade des Schutzbaus
über den Großen Thermen.

RÖMER
MUSEUM

SACRVM

Statue des römischen Kaisers Trajan vor dem Amphitheater (Kopie). Das Original ist im Pariser Louvre ausgestellt.

AMPHITHEATER

ÖFFENTLICHE SPEKTAKEL WIE DIE KÄMPFE DER GLADIATOREN und die Wagenrennen im Circus waren die mit Abstand populärste Unterhaltung für die römische Bevölkerung. Um möglichst vielen Schaulustigen Platz zu bieten, erfanden römische Ingenieure eine neue Bauform: das beidseitig (griechisch *amphi-*) umschlossene Theater. Die großen Amphitheater in Rom und den Provinzen füllten sich regelmäßig bis auf den letzten Platz, wenn Menschen und Tiere in der Arena auf Leben und Tod kämpften.

Der LVR-Archäologische Park ist einer der wenigen Orte nördlich der Alpen, an denen die schaurige Faszination dieser kolossalen Bauwerke spürbar wird. In Xanten entsprach das Fassungsvermögen des Amphitheaters etwa 10.000 Plätzen. Viel war davon allerdings nicht übrig geblieben. Bei Ausgrabungen im 20. Jahrhundert fanden sich zwei ringförmige Reihen von Fundamentblöcken. Diese Blöcke tragen heute wieder Pfeiler, auf denen die äußeren Gewölbe und die Ränge ruhen. Die Rekonstruktion bildet die unteren Zuschauerränge und ungefähr ein Viertel der oberen Ränge nach. So werden die Dimensionen des Bauwerks erfahrbar: Es war 99 Meter lang und rund zehn Meter hoch.

Heute finden im rekonstruierten Amphitheater wieder regelmäßig Veranstaltungen statt. Ein besonderer Höhepunkt sind die Vorführungen der Gladiatoren beim Römerfest „Schwerter, Brot und Spiele". Sie werden von ausgewiesenen Fachleuten geleitet und zeigen abseits der gängigen Klischees, aber durchaus packend und unterhaltsam, wie die unterschiedlichen Gladiatoren mit ihrer spezialisierten Ausrüstung kämpften.

Auf großem Fuße:
Fuß der Statue Kaiser Trajans
vor dem Amphitheater.

Die Außenfassade des
Amphitheaters.

Blick von der Stadtmauer in das Amphitheater. Auf den Pfeilerstümpfen im Vordergrund erhoben sich in römischer Zeit ebenfalls Ränge für die Zuschauer.

Zuschauerränge im
Amphitheater.

^
In gut zehn Metern Höhe bieten die obersten Ränge weite Ausblicke auf den Park.

>
Daumen hoch oder runter? Ehrenloge mit neuzeitlicher Inschrift.

ORDO·POPVLVSQVE·RHENANENSIVM·
AMPHITEARVM·COLONIAE·VLPIAE·TRAIANAE·TEMPORE·
IMP·CAES·NERVAE·TRAIANI·AVG·EXSTRVCTVM·OB
VSVRAM·OPERIS·LAPICIDARI·A·POSTERITATE·DEMO
LITVM·A·FVNDAMENTIS·EFOSSIS·DE·SVA·PECVNIA·
REFICI·IVSSIT·ANNO·P·C·N·MDCCCCLXXVIII

>
Zuschauerränge und Treppenaufgänge im Amphitheater.

‹ ›
Römerfest im
Amphitheater.

Wie ehedem bis auf den letzten Platz gefüllt: Das Amphitheater beim Römerfest „Schwerter, Brot und Spiele" im Juni 2005.

(vorherige Doppelseite)
Zum Höhepunkt des Römerfestes ziehen die Akteure und Akteurinnen feierlich in die Arena ein. Hier der Einmarsch der Ermine Street Guard aus England.

>
Helm und Armschutz am Stand der Gladiatoren.

Berittener Gladiator in
der Arena.

^ >
Wachtposten beim Römerfest.

^ >
Gewölbebögen im äußeren
Umgang des Amphitheaters.

Vom Sockel herab mächtig und weise: Statue des römischen Kaisers Trajan vor dem Amphitheater (Kopie).

Säulenbasis am Hafentempel.

HAFENTEMPEL

DIE MARKANTE SILHOUETTE des Hafentempels ist heute neben dem Dom wohl das bekannteste Wahrzeichen Xantens. In der Antike war dies kaum anders, denn wer sich der römischen Stadt auf dem Rhein näherte, nahm schon aus der Ferne den hoch über die Mauern der Stadt ragenden Hafentempel wahr. Seine erhabene Größe und seine klassische Form kündeten vom Anspruch der Colonia, ein Stück „Rom in der Fremde" darzustellen.

Leider ist unbekannt, welcher Gottheit der Hafentempel geweiht war. Seinen ungewöhnlichen Namen erhielt das Bauwerk bei den Ausgrabungen in den 1970er Jahren wegen seiner Nähe zum römischen Hafen. Der Tempel wurde anschließend in ausgewählten Teilen rekonstruiert. Einige in voller Höhe errichtete Säulen und der Ansatz des Dachgebälks vermitteln einen Eindruck von der imposanten Wirkung, die das Bauwerk mit seiner Höhe von 27 Metern einst erzielte.

Über eine breite Treppe kann man heute auf das drei Meter hohe Podium steigen und den Kultraum, die Cella, betreten. Die Cella war, wie es sich für eine göttliche Wohnstatt geziemte, reich mit Marmor und farbig bemaltem Stuck ausgeschmückt. Von dieser Pracht hatte der Steinraub des Mittelalters freilich so gut wie nichts übrig gelassen. Bei den Ausgrabungen fand man noch die 24 mal 36 Meter große Fundamentplatte sowie unzählige kleine Bruchstücke des Tempels, darunter viele verzierte Stücke aus Kalkstein und zerbrochene Marmorplatten. Die Fundamentplatte ist an Ort und Stelle sichtbar, weil die Rekonstruktion wie eine schützende Halle über ihr errichtet wurde. Auf diese Weise ist sie zugleich ein Schutzbau für das Bodendenkmal.

Die Überreste des originalen Fundaments unter der heutigen Rekonstruktion des Hafentempels. Jahrhunderte des Steinraubs haben von der mehrere Meter dicken Schicht aus Zement und Gesteinsbrocken, die den Tempel einst trug, nur wenig übrig gelassen.

Die Cella des Hafentempels. Die Innenwände waren üppig mit Marmorplatten, Halbsäulen und bemaltem Stuck ausgestattet. Auch der Fußboden bestand aus kostbarem farbigem Marmor. Vor der Rückwand stand ein kleines Podium mit der Statue der (unbekannten) Gottheit, der dieser Tempel einst geweiht war.

Aus erhöhter Position ist dort, wo einst der Rhein floss, die Wasserlandschaft der Xantener Südsee erkennbar. Reisende, die sich der römischen Stadt mit dem Schiff näherten, nahmen den Tempel schon aus der Ferne wahr.

Säulen auf der Westseite des Hafentempels.

Je näher der Standort, desto imposanter der Anblick. Alleine das Podium, auf dem der Tempel sich erhebt, ist drei Meter hoch.

Der Hafentempel von Westen. Ähnlich wie heute im Park überragte das Bauwerk in römischer Zeit sein Umfeld um zwanzig Meter.

Die ost-westliche Hauptachse des Parks führt von der Stadtmauer nahe dem Hafentempel geradewegs zum LVR-Römer-Museum. Sie liegt genau auf dem *decumanus maximus*, der römischen Hauptstraße.

^ Auf dem Tempelpodium.

> Vor dem Hafentempel.

(vorherige Doppelseite)
Säulengang um die Tempel-Cella. Eine der Säulen ist farbig bemalt, um die einstige Farbenpracht des Bauwerks zu veranschaulichen.

‹
Die Frontseite des Hafentempels. Im Vordergrund das emporgehobene Fundament des Altars, auf dem den Göttern einst geopfert wurde.

Kapitelle und Gebälk an der rekonstruierten Südwestecke des Hafentempels.

Die Säulen des Hafentempels
aus ungewohnter Perspektive.

(vorherige Doppelseite)
Architektur, die beeindruckt:
Säulen und Dachgebälk des
Hafentempels von unten.

< ^
Idylle vor malerischer Kulisse.
Zweimal im Jahr beweiden
Schafe die Parkwiesen.

Der Hafentempel vor dem
sommerlichen Abendhimmel.

Römisches Riemengeschirr eines Pferdes.

RÖMERFEST

DAS GROSSE RÖMERFEST „SCHWERTER, BROT UND SPIELE“ ist stets ein besonderes Ereignis im LVR-Archäologischen Park. Mehr als 400 Akteurinnen und Akteure aus halb Europa geben zwei Tage lang hautnahe Einblicke in die faszinierende Fülle des römischen Lebens. Ein großer Festzug und Paraden der Legionäre ziehen das Publikum ebenso in ihren Bann wie spektakuläre Reiterspiele und die Kämpfe der Gladiatoren im stimmungsvollen Rund des Amphitheaters.

„Schwerter, Brot und Spiele“ zeigt aber auch, dass das römische Leben nicht nur aus Kampf und Krieg bestand. Auf Schritt und Tritt begegnen dem Publikum antike Handwerkstechniken und die ungewohnten Klänge römischer Musik. Händler preisen ihre Waren im Schatten der Alleen an, übertönt vom rhythmischen Hämmern der Schmiede wenige Meter weiter. Die Besucherinnen und Besucher können mit Steinmetzen und Malern fachsimpeln, exotische Parfüms nach orientalischen Rezepturen schnuppern und die farbenfrohen Erzeugnisse der antiken Glaskunst bewundern. An vielen Ständen sind die Gäste eingeladen, auch selber Hand anzulegen. Besonders für Kinder gibt es zahlreiche Aktionen und Spiele - spannender kann ein Museumsbesuch für Familien kaum sein.

Das Römerfest bietet anregende Unterhaltung mit hohem Informationsgehalt, verzichtet aber auf allzu theatralische Effekte. Viele Mitglieder der beteiligten Römergruppen haben sich in jahrelanger Beschäftigung mit der Antike ein beachtliches Fachwissen angeeignet und tragen einen Teil zur Experimentellen Archäologie bei, indem sie ihre Ausrüstung möglichst originalgetreu herstellen und im Einsatz testen. Auf die dabei gewonnenen Erkenntnisse greift auch die moderne Wissenschaft gerne zurück.

^ >
In der Arena: Ehrenrunde der Gladiatoren und Legionär als Wachtposten.

^ >

Zweikampf in der Arena. Gekämpft wird mit Übungswaffen aus Holz. Manche Striemen und blaue Flecken zeigen, dass die Vorführungen nicht choreografiert sind. Ernsthaft verletzt wird aber niemand.

Ausrüstung vor dem Zelt
der Gladiatoren.

Nicht zuletzt für die Kleinen
ist das Römerfest ein großes
Vergnügen.

^ >
Die Feldzeichenträger der römischen Armee trugen oft ein kriegerisch wirkendes Tierfell über dem Helm. Dieser Wolf beißt freilich niemanden.

^
Vor dem Feldlager der
I. Roemercohorte Opladen.

>
Träger des Legionsadlers
mit Löwenfell.

Attacke der Ermine Street Guard aus England.

Ein Höhepunkt des Römerfests sind die Vorführungen der Legionäre: Pilum-Salve (oben) und Schildkröten-Formation (unten).

Szenen am Rande des Aktionsfeldes, auf dem die Legionäre ihre Vorführungen zeigen.

^ >
Marschgepäck und Waffen
eines Legionärs.

LEG

Römische Reiter in Aktion.

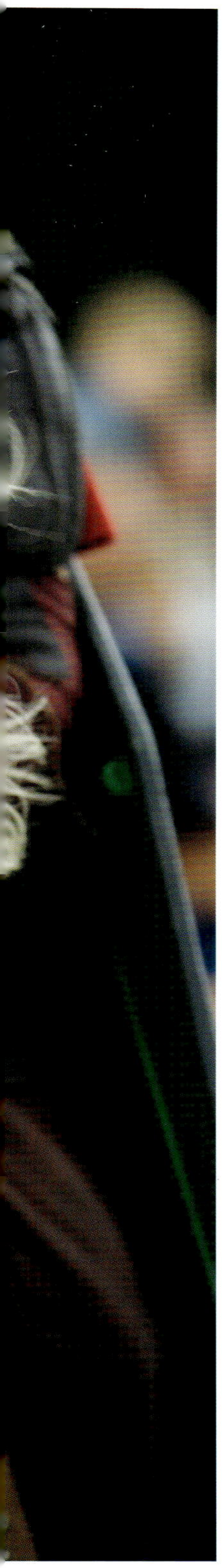

^ >
Feinschmied und Färberin
beim Römerfest.

^
Garküchen bieten beim Römerfest Schmackhaftes nach antiken Rezepten.

>
Tisch mit Lebensmitteln, Werkzeugen und Gefäßen.

^
Krüge mit Holzschalen.

>
Kräuterschale, Wasserkrug und Korb mit Zwiebeln und Knoblauch.

^
Kunstvoll mit Blüten geschmückte Frisur einer Teilnehmerin des Römerfestes.

>
Kinder erhalten beim Römerfest kostenlos eine Gesichtsbemalung.

Am Ende eines langen Tages: Wenn nach dem Römerfest Ruhe in den Park einkehrt, bereiten die Akteurinnen und Akteure sich auf den Abend an ihren Lagern und Feuerstellen vor.

Löwenzahn auf den Wiesen vor dem Nordtor.

PARK

WO FRÜHER EINE GANZE RÖMISCHE STADT STAND, erstreckt sich heute der Archäologische Park mit weitläufigen Rasenflächen und Wiesen, langen Alleen und einigen kleinen Gärten. Abseits der römischen Bauten bedarf es einiger Fantasie, um sich das quirlige Leben in den Straßen und Häusern der antiken Metropole vorzustellen. Heute liegen die Ruhe des Parks und das lebhafte Treiben an den Rekonstruktionen und Spielplätzen oft nur einen kurzen Spaziergang auseinander. Für viele Gäste ist es gerade dieses Wechselspiel aus Natur und Kultur, aus Entspannung und Anregung, das dem Besuch im APX einen besonderen Reiz verleiht.

Das Erscheinungsbild des Parks ist geprägt von mehr als zweitausend Linden und Platanen, Dutzenden von Obstbäumen und kilometerlangen Hecken aus Hainbuche, Liguster und Buchsbaum. Wer genauer hinsieht, kann eine reiche Vielfalt an Tier- und Pflanzenarten entdecken. Weit mehr als dreihundert verschiedene, teils seltene Farn- und Blütenpflanzen belegen die Bedeutung des Parks als Refugium für die einheimische Flora und Fauna. Geschützte Insekten wie Bienen und Libellen, aber auch Eichhörnchen und Vögel finden hier ebenso günstige Lebensbedingungen wie einige vom Aussterben bedrohte Moose und Flechten.

Auf den Grünflächen des Parks bieten mehrere Pavillons vertiefende Einblicke in die römische Welt. Sie ergänzen die römischen Bauten und die Ausstellung im LVR-RömerMuseum mit ausgewählten Exponaten und Informationen zu speziellen Themen. Zusätzlich ermöglichen archäologische Ausgrabungen Einsichten in den geschichtsträchtigen Boden direkt unterhalb der Grasnarbe. Dort erfahren die Besucherinnen und Besucher hautnah, mit welchen Methoden die moderne Wissenschaft dem Leben in der römischen Stadt auf der Spur ist.

Möwen sind häufige Gäste auf
den Wiesen des Parks.

Schafe im Herbstdunst.

Wiesen neben dem
LVR-RömerMuseum.

262

Morgendämmerung am
Hafentempel.

Ein Stück der Wasserleitung, die von den Höhenzügen bei Sonsbeck nach Xanten führte, ist heute im Park ausgestellt.

Römische Grabsteine im Abendlicht.

CONIS F BREVCV
MIL EX COH VIII
BREVC ANN XXXV
STIP XII H S E

Die freigelegten Grundmauern
des Matronentempels.

Im Park finden das ganze Jahr
über Ausgrabungen statt. Ihre
Ergebnisse bereichern unser
Bild von der römischen Stadt
mit immer neuen Erkenntnissen.

Freigelegte Grundmauerreste eines großen Gebäudes am westlichen Rand der römischen Stadt. Erhalten ist nur eine so genannte Stickung aus unvermörtelten Bruchsteinen, auf der einst ein sorgfältig gemauertes Fundament ruhte.

Menschliche Eingriffe in den Boden hinterlassen Spuren über die Jahrtausende hinweg. Die oftmals unscheinbaren Verfärbungen werden sorgfältig auf Millimeterpapier gezeichnet und von Hand koloriert.

Recycling ist keine Erfindung der Neuzeit: Unzählige Bruchstücke von Ziegeln und Tongefäßen bildeten einst den Untergrund für einen Fußboden aus gestampftem Lehm.

^
Freigelegte Grundmauern des Kapitols.

>
Frisch freigelegt: Bei der Drucklegung war noch nicht geklärt, ob die nach innen eingesackten Ziegelmauern zu einer oberirdischen Einfassung eines Brunnens, einer Zisterne oder einer Latrine gehörten.

Rekonstruierter Abwasserkanal unterhalb des römischen Straßenniveaus. Solche steinernen Sammelkanäle nahmen das Wasser über kleinere Rinnen aus den Wohnvierteln auf und leiteten es zum Rhein hin aus der Stadt ab.

Herbstliche Stimmung im Park.

^
Unter den Linden im Herbst.

>
Vor dem großen
Abenteuerspielplatz.

Im Zentrum des Parks: Abenteuerspielplatz, Wasserspielplatz und Hüpfkissen.

Der Abenteuerspielplatz bietet auf gut dreitausend Quadratmetern alles, was das Herz zum Klettern, Rutschen und Schaukeln begehrt.

Mit Kanälen, Pumpen, Rinnen und Schleusen lädt der große Wasserspielplatz dazu ein, spielerisch die Elemente römischer Wasserbautechnik zu entdecken.

Diebels

^
Auf dem riesigen Hüpfkissen geht es hoch her.

>
Einmal ausgetobt, lassen auch Kinder gerne die Seele baumeln.

^ >
Im Spielehaus laden die antiken Vorläufer von Backgammon, Mühle und Dame zum Ausprobieren ein.

RUNDMÜHLE

‹ ^
Ein ruhiges und schattiges Plätzchen findet sich im Park immer.

Linden an den nördlichen
Parkwegen.

Kiefer mit kleinem Biotop.

„Auf Achse mit den Römern“:
Ein Pavillon informiert über das
Reisen auf dem Landweg in
römischer Zeit.

Herzstück des Pavillons sind drei fahrtüchtige Nachbauten von römischen Kutschen und Karren. Den größten Komfort bot ein solcher Reisewagen.

^ >

Um Stöße der mit eisernen Reifen beschlagenen Räder auf hartem Pflaster abzufedern, hing der obere Kutschenteil an starken Lederriemen.
Die Metallteile und Hölzer der Rekonstruktion wurden vom Wagenbauer auf traditionelle Weise in Handarbeit angefertigt. So können die Nachbauten auch für archäologische Experimente dienen.

Im Lapidarium (frei übersetzt „Steinsaal") sind Zeugnisse römischer Steinarchitektur ausgestellt: Reste von Säulen, Grabsteinen und Bauornamentik, darunter auch kostbarer Marmor aus Ägypten und Griechenland.

Lindenallee in herbstlicher Färbung.

Ahornbaum und Kiefern neben
dem Hafentempel.

Lindenallee westlich des
Hafentempels.

Die östliche Ecke der Stadtmauer im herbstlichen Nebel.

Winterimpression vor dem
Burginatiumtor.

Sonnenuntergang hinter der
östlichen Stadtmauer.

^ >
Winter im Park.

Das LVR-RömerMuseum in der Abenddämmerung.

310

Sonnenuntergang am
Hafentempel.